CHAMBRE DES EXPERTS

DE L'ARRONDISSEMENT DE LAVAL

USAGES RURAUX

DE L'ARRONDISSEMENT DE LAVAL

REVISÉS PAR LA

CHAMBRE DES EXPERTS

Dans son Assemblée générale du 29 Décembre 1900

LAVAL

CHAILLAND, IMPRIMEUR-LIBRAIRE

Rue des Béliers, 2 (Place des Arts).

CHAMBRE DES EXPERTS

DE L'ARRONDISSEMENT DE LAVAL

USAGES RURAUX

DE L'ARRONDISSEMENT DE LAVAL

REVISÉS PAR LA

CHAMBRE DES EXPERTS

Dans son Assemblée générale du 29 Décembre 1900

LAVAL

CHAILLAND, IMPRIMEUR-LIBRAIRE

Rue des Béliers, 2 (Place des Arts).

RECUEIL

DES

USAGES RURAUX

DE L'ARRONDISSEMENT DE LAVAL

Revisés par la Chambre des Experts

Il existe dans cet arrondissement, pour les propriétés rurales, deux modes d'affermage :

1° L'affermage à prix d'argent ;

2° L'affermage à moitié fruits ou à colonie partiaire.

Le fermier général est subrogé dans tous les droits de propriétaire vis-à-vis de ses sous-locataires, à moins de convention contraire, qu'il soit à ferme ou à colonie partiaire.

CHAPITRE PREMIER

Usages ruraux applicables aux deux modes d'affermage.

SECTION PREMIÈRE

Etendue du bail. — Entretien de la chose louée. Obligation du fermier ou colon.

ARTICLE PREMIER

Pour la majeure partie des propriétés rurales, le bail commence et finit au 1ᵉʳ novembre ; pour les autres, il commence et finit au 23 avril. Cependant, pour les baux du 1er novembre, le déménagement et l'emménagement n'ont lieu que le lendemain; il n'en est de même pour les baux du 23 avril qu'autant qu'il y a un jour férié à cette date.

La durée du bail fait sans écrit et de la tacite reconduction est d'une année, et il suffit à celle des parties qui veut faire cesser la jouissance, de prévenir l'autre *dix* mois d'avance.

Le fermier ou colon ne peut cultiver de terres étrangères, même les siennes, sans le consentement par écrit du propriétaire.

ARTICLE 2

Le bail à ferme ou à colonie partiaire ne comprend ni le droit de chasse ni le droit de pêche, même des écrevisses, dans les cours d'eau qui traversent ou bordent la propriété.

ARTICLE 3

Le fermier entretient le lieu en bon état de réparations locatives.

Ces réparations s'appliquent conformément à l'article 1754 du Code civil :

Aux âtres, contre-cœurs, chambranles, tablettes de cheminée;

Au récrépiment du bas des murailles des appartements et autres lieux d'habitation, à la hauteur d'un mètre;

Aux pavés et carreaux des chambres et greniers, lorsqu'il y en a seulement quelques-uns de cassés;

Aux vitres, à moins qu'elles ne soient cassées par la grêle ou autre accident de force majeure, dont le locataire ne peut être tenu;

Aux portes, croisées, planches des cloisons, gonds, targettes et serrures.

Néanmoins, aucune de ces réparations n'est à la charge du fermier, quand elles ne sont occasionnées que par vétusté ou force majeure.

Les matériaux, sauf les verres, seront fournis par le propriétaire.

Elles s'appliquent aussi à l'entretien :

De l'aire, des maisons et greniers en terre et au carrelage du four ;

Des couvertures en paille autres que celles des maisons et étables ;

Des échelles, barrières, échaliers, mangeoires ou crèches, du pressoir, qui est démonté chaque année, et de l'instrument à broyer les pommes, *quand ces deux derniers seront fournis par le propriétaire ; mais celui-ci ne sera point tenu de les renouveler.*

Le fermier ou colon est aussi chargé de la confection des échelles, barrières et échaliers neufs, avec le bois fourni par le propriétaire, debout ou débité, *au choix de ce dernier*, tant pour cette confection que pour les réparations dont il vient d'être parlé.

Il doit encore l'entretien :

Des haies, fossés et rigoles, en ayant soin d'enlever toutes les ronces et épines qui naissent le long des fossés, bordent les prairies et les pièces de terre ;

L'entretien des bouches d'écoulement des drains, quel que soit leur mode d'exécution ;

Et enfin des cours et chemins d'exploitation, fermés ou particuliers, et préalablement encaissés ou macadamisés par le propriétaire.

S'il y a de la pierre éparse sur les pièces de terre du lieu, le fermier doit la serrer, charroyer et étendre, en commençant par les cours et étrages, afin de remplir les cavités. S'il n'y a pas de pierre, il ne sera tenu que d'aller la chercher au lieu indiqué par le propriétaire, dans un rayon d'un demi-myriamètre : celui-ci la fait casser et le fermier l'étend convenablement.

Le fermier ou colon ne pourra vendre de pierre récoltée sur la ferme ou la métairie, sans l'autorisation expresse et par écrit de la part du propriétaire.

ARTICLE 4

Le fermier doit également entretenir les nouvelles haies et plantations d'arbres fruitiers qu'il plaît au propriétaire de faire faire, sans pouvoir empêcher la destruction de celles anciennes ou nouvelles qu'il voudrait supprimer ou modifier.

ARTICLE 5

Il doit y avoir sur la ferme, pendant toute l'année, un nombre d'hommes et de femmes suffisant pour la bien cultiver.

ARTICLE 6

Tout fossé séparatif d'un autre héritage est établi et entretenu *par le propriétaire auquel il appartient*, de manière à faciliter l'écoulement complet des eaux du fonds supérieur. Il a 1 mètre d'ouverture, y compris le pas de bœuf, 0^m28 au fond et, si cela est possible et nécessaire, jusqu'à 1 mètre de profondeur.

Ce fossé emporte toujours, qu'il s'agisse de terres arables, prés ou jardins, une bande de terre (appelée pas de bœuf), large de 0^m17, destinée à soutenir les terres de l'héritage voisin et à faciliter sa culture.

En cas de suppression de la clôture, ce pas de bœuf revient de droit au propriétaire du fossé; mais, tant qu'elle existe, l'usage en permet le parcours et le pâturage exclusif au propriétaire limitrophe.

L'usage autorise ce propriétaire, lorsqu'il veut faire une haie perpendiculairement audit fossé, à continuer la clôture dans le fossé jusqu'à la haie dont il dépend, au moyen d'une petite barrière en bois ou en épines et même en prolongeant sa haie; mais à la charge, dans ce cas, d'y pratiquer au besoin un petit canal pour l'écoulement des eaux et de garnir le prolongement de cette haie d'épines vives, afin d'empêcher tout passage d'une propriété sur l'autre.

Les haies et fossés sont réparés lors de la coupe du bois émondable, et plus souvent s'il en est besoin.

ARTICLE 7

Le fermier ou colon doit tremper la soupe aux ouvriers de tous états employés aux réparations d'entretien, *réfections et constructions nouvelles, sans autre indemnité que les copeaux et déchets de bois, cimes, travaillés sur la ferme, pour ces travaux ; mais le propriétaire pourra conserver les copeaux, déchets et cimes, à la charge de payer ledit trempage de la soupe à son fermier.*

ARTICLE 8

Le fermier fait gratuitement, avec ses voitures et attelages, l'approche à pied-d'œuvre de tous les matériaux nécessaires aux constructions, réfections et réparations des bâtiments servant à son habitation et à l'exploitation de la ferme. Il va chercher la chaux aux fourneaux et la brique et l'ardoise aux dépôts les plus rapprochés ; il n'est pas tenu d'aller chercher le sable et la pierre à plus d'un kilomètre, et le bois à plus d'un myriamètre de distance.

Le fermier qui n'a pas d'attelage n'est tenu à aucun charroi.

ARTICLE 9

Le propriétaire peut exiger chaque année trois *journées* de charrois avec voiture et attelage, dans un rayon de deux myriamètres, et le fermier ou colon peut être chargé au retour, sans indemnité, de matériaux destinés aux réparations ou constructions, ou de tous autres objets à l'usage du propriétaire.

Le closier qui n'a ni charrette ni attelage n'est tenu qu'au transport des produits du lieu.

Les charrois doivent être exigés dans l'année et ne s'arréragent pas.

Tout fermier à qui son propriétaire donne congé a

droit à une indemnité pour les charrois ayant pour objet les réparations autres que celles d'entretien, faites dans l'année qui précède sa sortie ; il a aussi droit à une indemnité pour ceux ayant pour objet les reconstructions ou constructions nouvelles faites dans les trois ans qui la précèdent.

Il en est de même pour le fermier sortant par suite de l'expiration d'un bail écrit ou d'un congé donné par lui.

ARTICLE 10

Le fermier emploie à la nourriture du bétail ou à l'amélioration du sol, sans pouvoir en rien distraire, même à sa sortie, les foins, pailles, chaumes, marc, fourrages et racines fourragères, genêts, *ajoncs de deux ans, même ceux poussés çà et là sur les haies,* litières, cendres et charrées, en un mot tous les fourrages et engrais, sauf en ce qui concerne les racines fourragères, les exceptions portées aux articles 54 et 84 ci-après.

ARTICLE 11

Les jardins sont consacrés principalement aux légumes *nécessaires aux besoins de la ferme* et l'excédent est cultivé en plantes fourragères, sauf quelques planches de chanvre tolérées pour faire les attaches des bestiaux et autres cordages.

Le fermier ne peut enlever la terre des jardins pour l'employer en engrais qu'avec le consentement du propriétaire.

ARTICLE 12

Les chaumes des blés, lorsque le sciage n'a pas été fait rez-terre, doivent être coupés immédiatement après la récolte et embargés avec soin ; avant leur enlèvement, aucuns bestiaux ne peuvent être mis à pâturer dans les pièces de terre.

ARTICLE 13

Lorsque, par suite du décès d'un fermier, l'exploitation est continuée par ses héritiers, ceux-ci sont tenus de garnir la ferme de meubles, instruments aratoires et bestiaux, et d'y avoir un chef de ménage et des domestiques suivant l'importance de la ferme.

En cas de décès du colon partiaire, la jouissance cessera à l'époque consacrée par l'usage des lieux pour l'expiration des baux annuels (article 6 de la loi du 18 juillet 1889), pourvu que le décès soit survenu au moins dix mois avant le 23 avril ou le 1er novembre, selon l'époque de l'entrée en jouissance du colon.

SECTION II

Labours.

ARTICLE 14

Les labours ont lieu : aussitôt après la Toussaint pour les grains de printemps, les racines fourragères et autres plantes sarclées.

Avant le 30 avril pour les vieilles pâtures.

Avant le 31 mai pour les écots de l'année précédente.

Avant le 15 juillet pour les trèfles de plus d'une année et pour les ray-grass même d'une année, s'ils doivent être suivis de froment.

Et du 15 septembre au 15 octobre pour les trèfles d'un an.

ARTICLE 15

Les closeaux sont assimilés aux terres arables de la ferme et soumis aux mêmes cultures.

SECTION III

Ensemencements et récoltes.

———

ARTICLE 16

Le tiers seulement des terres arables est semé en céréales d'hiver, du 15 octobre au 15 novembre, et, dans les pièces de terre destinées à servir de pâture l'année suivante, on sème, par hectare, de 30 à 40 kilogrammes de graine de ray-grass pure ou mélangée de lupuline ou minette.

Le sixième ou la moitié de l'ensemencé des céréales d'hiver est semé en froment de mars, orge ou avoine; le froment de mars et l'avoine du 15 février au 15 mars, et l'orge du 10 avril au 1er mai.

On répand sur ces dernières semailles 20 kilogrammes de graine de trèfle par hectare.

Le septième au plus des terres labourables peut être consacré à la culture de la luzerne. Les luzernières formeront une sole hors rang et n'entreront plus dans le calcul des assolements prescrits par les présents usages. Elles ne pourront être détruites dans les trois années précédant la sortie.

Jamais il n'est permis de semer des céréales d'hiver dans les écots de céréales d'hiver ou de printemps, ni de la graine de trèfle sur une pièce de terre qui en aurait porté depuis moins de six ans, *ni de luzerne sur une pièce de terre qui en aurait porté depuis moins de douze ans.*

ARTICLE 17

Le douzième au moins et le sixième au plus des terres labourables est consacré aux semailles d'automne et de printemps de plantes fourragères dites coupages, telles que vesceron, pois, sarrasin, maïs, seigle, navette, etc., et le douzième au moins est semé ou planté en choux poitevins, pommes de terre et racines, telles que navets, rutabagas, turneps, betteraves, carottes, etc.

Ces cultures sont fumées convenablement et, si elles ont reçu une fumure de 40 mètres cubes au moins de fumier par hectare, elles peuvent être suivies de semailles de céréales d'hiver ou de printemps, sans nouveaux engrais, *sauf ceux étrangers à la ferme prescrits par les usages.*

ARTICLE 18

Dans les cantons où existe l'usage de semer du sarrasin, *il peut y être* consacré le sixième au moins et le tiers au plus de la sole des blés d'hiver ; *il sera fumé avec des engrais étrangers, à raison de trente francs l'hectare.*

ARTICLE 19

On sème par hectare deux hectolitres *au moins* de froment, seigle, orge et avoine, et seulement un demi-hectolitre de sarrasin.

La mesure des pièces de terre comprend les haies et fossés qui en dépendent.

ARTICLE 20

En plus des engrais soigneusement recueillis sur le lieu, il sera ajouté par chaque hectare d'ensemencé en froment, pour une valeur de quarante francs d'engrais étrangers, et pour les ensemencés d'orge et avoine, une valeur de vingt-cinq francs desdits engrais, dont les transports seront à la charge du fermier ou colon. Il est expressément défendu d'éteindre la chaux avec le fumier et d'écobuer les haies sans le consentement du propriétaire.

ARTICLE 21

Toutes les cultures sont sarclées convenablement :
Le froment du 15 mars au 30 mai ;
Le seigle du 15 mars au 15 mai ;

L'orge et l'avoine avant le 20 juin ;

Et le sarrasin avant le 15 juillet.

Les patiences ou parelles, *ail sauvage*, ivraie, chien-dent, fougères, chardons et toutes plantes à graines ailées doivent être soigneusement détruites sur toute l'étendue de la ferme *au moment de la floraison;* toutes ces plantes, excepté les fougères, doivent être aussi détruites sur les haies.

Si le fermier sortant ne fait pas ses sarclages en temps utile, le fermier entrant peut les faire exécuter aux frais de celui-ci, sans préjudice des dommages qui pourront être dus.

SECTION IV

Prairies.

ARTICLE 22

Les prés naturels sont clos au 31 décembre.

ARTICLE 23

La coupe des prairies naturelles et artificielles se fait aussitôt que les plantes sont en pleine floraison; elle doit se faire le plus ras possible, à peine de dommages et intérêts.

ARTICLE 24

Les rigoles d'égouttement et celles d'irrigation sont constamment et soigneusement entretenues *par le fermier ou colon.*

L'entretien des fossés dont l'utilité est perpétuelle et dont l'établissement a pour objet l'amélioration foncière du sol tels que les grands fossés d'assainissement, sera à la charge du propriétaire.

Les terres provenant du curage de ces rigoles et des fossés d'enceinte sont réunies et travaillées convenable-ment; on y joint : 1º les déchets du battage des blés appelés châsses, balles ou poux, après qu'ils ont séjourné comme litière dans les étables ; 2° les fientes éparses sur les prairies et qui sont recueillies deux fois au moins par an ; 3° enfin tous les fumiers faits sur la ferme du 1ᵉʳ novembre au 31 décembre.

Il en résulte un compost que le fermier répand avec soin et en temps convenable sur les prairies ; les ornières creusées par le passage des attelages sont soigneusement remplies et semées après la clôture des prés.

ARTICLE 25

Aux engrais recueillis sur la ferme il devra être apporté en plus une valeur de 25 francs d'engrais étrangers par hectare, le tout pour fumer chaque année le tiers des prairies.

ARTICLE 26

Les taupes sont détruites le plus possible, les taupinières et fourmilières étendues deux fois par an et les prés entretenus dans un état d'aplanissement convenable.

ARTICLE 27

Une fois converties en prairies naturelles, les terres de labour sont assimilées aux anciens prés de la ferme.

SECTION V

Plantations.

ARTICLE 28

Le fermier ou colon fournit et plante à ses frais chaque année, avant le 1ᵉʳ février, aux endroits indiqués par le propriétaire, un arbrisseau de belle venue, soit pommier ou poirier, par trois hectares de terre labourable dans une fosse de 1ᵐ50 de diamètre sur 0ᵐ50 de profondeur et les greffes des espèces de fruits indiquées par le propriétaire.

Ces arbrisseaux sont laissés vifs à la fin du bail ; ils sont constamment garnis d'épines et tous les deux ans fumés et cultivés jusqu'à 0^m66 du tronc, tant qu'ils n'ont pas atteint à un mètre du sol 0^m25 de circonférence.

ARTICLE 29

Le fermier ou colon aura la faculté de créer et d'entretenir à ses frais une pépinière.

Il pourra disposer des sujets bons à planter comme bon lui semblera.

Mais, à sa sortie, le propriétaire pourra retenir les sujets plantables ; ce dernier sera obligé de payer les sujets de belle venue qui ne seront pas en âge d'être plantés.

Le propriétaire devra faire connaître à son fermier ou colon, six mois avant la sortie de ce dernier, s'il veut acheter la pépinière.

Au cas où il ne la prendrait pas, le fermier ou colon pourra l'enlever dans les six semaines après la sortie.

La pépinière ne pourra, en aucun cas, contenir plus de 15 sujets par hectare de terre labourable au moment de la sortie.

Le propriétaire pourra créer et entretenir à ses frais une pépinière dans la même proportion et en disposera à sa volonté.

ARTICLE 30

Le propriétaire fait à ses frais telles plantations que bon lui semble, en indemnisant le fermier ou colon du dommage causé aux ensemencés.

ARTICLE 31

Le gui et les autres plantes parasites sont enlevés de tous les arbres chaque année ainsi que les gourmands et rejetons.

SECTION VI

Coupe des bois.

ARTICLE 32

Le fermier ne peut abattre aucun arbre par pied ni branche, même sous le prétexte d'un élagage utile, ni s'emparer du bois mort ou brisé par accident, qui appartient au propriétaire. Les bois à émonder et soumis à des coupes réglées sur les haies sont abattus par sixième, chaque année, sans distinction entre les bois durs et les bois blancs; ils sont coupés ras et régulièrement sans interruption dans chaque haie; cet élagage appartient au fermier.

Néanmoins les saules isolés et ceux formant des lisses ou clôtures sont coupés à 4 ans et par quart, chaque année, aussi sur une même ligne et sans choix.

ARTICLE 33

Les épines ou broussailles sont coupées en même temps que les bois, et non plus tôt, et le fermier doit prendre le plus grand soin de ménager et conserver les renaissances et les jeunes arbres qui garnissent les haies, sans pouvoir les détruire, élaguer ou étêter.

Les haies et fossés sont réparés en même temps que les épines sont coupées.

ARTICLE 34

Les coupes de bois émondable sont toujours terminées avant le 1er avril.

ARTICLE 35

Le propriétaire peut faire abattre tels arbres que bon lui semble, excepté les arbres fruitiers greffés et écussonnés et les noyers, sans autre indemnité pour le fer-

)nier que celle de la réparation des haies et du dommage causé par la chute des arbres.

ARTICLE 36

Les bois donnés par le propriétaire au fermier sont réputés donnés en vue de l'exploitation de la ferme; en conséquence, s'ils n'ont pas été employés lors de la sortie du fermier, le propriétaire peut les reprendre en remboursant les frais d'abattage et de débit.

SECTION VII

Entrée et sortie du fermier ou colon.

(BAUX DU Ier NOVEMBRE)

ARTICLE 37

Lorsqu'un fermier succède à un autre, il est fait une montrée ou état de lieux dont les frais sont supportés moitié par le fermier sortant et moitié par le fermier entrant; à défaut de montrée, le lieu est rendu en bon état, conformément à l'article 1731 du Code civil et à l'usage.

ARTICLE 38

Le fermier sortant peut faire consommer, pour faire les travaux de son dernier ensemencé, deux cents kilogrammes de foin des prairies naturelles par hectare, semé en blé d'hiver. Ce foin est prélevé dans une *seule* prairie choisie par lui et pesé en présence du fermier entrant. *Au cas où il ne ferait pas d'ensemencé d'arrière-levée, it n'aura aucun droit à ce foin.*

Il peut consommer verte ou sèche, dans l'année de sa sortie, la moitié de la première coupe de toutes les prairies artificielles semées dans l'année précédente, *y compris les luzernes, quel que soit leur âge.*

L'autre moitié est mise à foin et reste sur le lieu; la

division des deux parts est faite par le fermier entrant et ce choix appartient au fermier sortant.

A défaut d'un local séparé suffisant pour contenir la part du fermier sortant, il en fait une meule qui reste à sa disposition, mais sans pouvoir emporter ce qu'il n'aurait pas fait consommer.

Il jouit seul des secondes coupes ou regains de toutes les prairies naturelles et artificielles, mais il ne peut mettre aucuns bestiaux à pâturer dans les jeunes trèfles.

Le fermier entrant n'a aucun droit aux plantes fourragères dites coupages qui, dans l'année de sortie, ne doivent pas porter graine, sauf dans la sole des grains d'hiver.

Article 39

Le fermier sortant qui n'a pas reçu de fourrages artificiels à son entrée, ne peut réclamer d'indemnité pour raison de ceux qu'il doit laisser d'après l'article 38.

Article 40

Dans la dernière année du bail, le fermier entrant peut surveiller l'irrigation des prairies, remuer les terreaux, faire des composts et donner aux engrais les préparations nécessaires pour qu'ils puissent être répandus sur les prés à son entrée.

Article 41

Le fermier sortant fauche, fane, transporte, engrange et met en barge les foins naturels et artificiels et, en compensation, les gerbes de sa dernière récolte, après sa sortie, sont voiturées par son successeur.

Article 42

Le fermier sortant ensemence la même grandeur de terre que les autres années; il ne doit pas choisir les terres parmi les plus productives, mais les prendre selon leur rotation suivie les années précédentes.

*Nul ne peut se dérober de faire de l'ensemencé à sa
sortie.*

Il a droit à la moitié de la récolte qui en provient,
mais en faisant tous les travaux qu'elle nécessite.

ARTICLE 43

Le sortant au 1er novembre doit payer la totalité des
impôts de l'année de la sortie s'il est fermier à prix
d'argent, et la moitié s'il est colon partiaire. Il doit, en
outre, qu'il soit fermier ou colon, à raison de la moitié
à laquelle il a droit dans le produit de la dernière
récolte, la moitié des deux tiers, c'est-à-dire un tiers, de
l'impôt foncier de la totalité de la ferme, du 1er janvier
au 31 décembre de l'année qui suit l'époque de sa sortie.
Ces contributions doivent toujours être acquittées avant
l'enlèvement de la dernière récolte.

ARTICLE 44

L'impôt des portes et fenêtres, l'impôt mobilier et les
prestations pour les chemins sont, pour l'année de
sortie, payés en entier par le fermier sortant et, pour
l'année suivante, par le fermier entrant, quoique ces
contributions soient portées sur les rôles au nom du fermier sortant.

ARTICLE 45

Dans l'année de sa sortie, le fermier sème, comme les
années précédentes, des graines de printemps, en met-
tant pour ces ensemencés la quantité d'*engrais fixée par
l'article 20.*

Le fermier entrant a le droit de semer dans ces grains
et à ses frais des graines de prairie artificielle qui sont
couvertes et enterrées convenablement avec le cheval et
la herse que lui fournit le fermier sortant.

ARTICLE 46

Le fermier entrant peut semer, après le *15 février*, des
plantes fourragères (autre que le trèfle qui ne peut être

semé que dans les céréales de printemps) dans le quart, à son choix, des terres semées en froment. Il peut aussi semer des coupages dans un quart des écots de froment, en choisissant les champs dont la contenance se rapprochera le plus de cette étendue, et, si les semailles de graines fourragères qu'il avait le droit de faire aux termes du premier alinéa de cet article et de l'article 45 n'avaient pas réussi, au lieu d'un quart, il pourrait emblaver en coupages jusqu'à concurrence de la moitié des écots.

Ces coupages peuvent être faits avec les bestiaux, harnais et instruments aratoires du fermier sortant, mais seulement sur un quart des écots et à la charge de payer une indemnité de *20 francs* par hectare. De son côté, le fermier sortant peut, moyennant la même indemnité, se servir au besoin des mêmes objets appartenant à son successeur pour faire pareille quantité de son ensemencé de sortie s'il n'est pas achevé au 1er novembre, époque à laquelle il doit être habituellement terminé et la prisée doit être faite.

Dans l'un et l'autre cas, chaque fermier devra conduire l'attelage qui lui appartient et nourrir à ses frais ses animaux.

ARTICLE 47

Les semences de blé sont fournies pour le dernier ensemencé par le propriétaire ou par le colon, concurremment avec le fermier sortant, proportionnellement à leurs droits à la récolte.

Les engrais et amendements étrangers sont payés dans la même proportion.

ARTICLE 48

Les blés sont coupés rez-terre aussitôt leur maturité et battus immédiatement par le fermier sortant et à ses frais; il a droit de laisser en dépôt sur sa ferme, à sa sortie, la machine à battre dont il doit se servir à la dernière récolte.

ARTICLE 49

(Supprimé et remplacé par l'article suivant) :

Le fermier sortant consomme de la paille de trèfle qui a porté graine, celle du sarrasin, les fanes de pommes de terre, les feuilles des autres plantes, racines, mais il laisse intactes toutes les pailles sans exception, celle d'orge, d'avoine, et même le déchet du battage appelé épigot. Il sera laissé à la disposition du fermier sortant 100 kilogrammes de paille pour chaque hectare d'ensemencé en froment. Cette quantité sera calculée sur le tiers des terres arables, quelle que soit l'étendue de l'ensemencé.

ARTICLE 50

(Supprimé).

L'article 51 des Vieux Usages est remplacé par l'article 50 des Usages rectifiés.

Le fermier sortant est obligé, sur sa responsabilité, de mettre en grange ou en meule, dans les lieux ordinaires, les pailles de toute nature ainsi que les déchets ou épigots; le fermier entrant a le droit d'assister à la confection de ces meules et de les faire lui-même s'il le juge convenable; s'il les fait en entier, le fermier sortant n'est plus responsable.

ARTICLE 51

Le fermier sortant sera en droit de laisser dans la cave les cidres nouveaux nécessaires pour sa récolte; il ne pourra être obligé de cueillir ces fruits avant leur maturité, mais il sera tenu de les enlever immédiatement, étant libre d'en disposer comme bon lui semblera. Il laissera les marcs des pommes pressurées sur la ferme. S'il emporte ces marcs, il devra une indemnité de 3 francs par 500 kilogrammes des fruits employés à la fabrication de ce cidre.

Vieux Usages : { ARTICLE 52. — *Supprimé.*
ARTICLE 53. — *Supprimé.*
ARTICLE 54. — *Supprimé.*

ARTICLE 52

Il doit laisser à son successeur *cent* choux cavaliers plantés dans le jardin et fumés comme les années précédentes, par hectare semé en blé d'hiver, et le fermier entrant a la faculté d'y planter lui-même cent poireaux fumés comme les choux, avec l'engrais du lieu, aussi par hectare.

Le fermier entrant peut aussi planter en choux un terrain égal au sixième de l'étendue des blés d'automne, froment ou seigle, dans un champ mis à sa disposition dès le 15 avril et propre à cette culture, d'après l'ordre d'assolement. Dans le cas où les plants et les engrais étant fournis par l'entrant, les travaux de labours et de plantations auraient été faits par le sortant, celui-ci pourra effeuiller les choux, mais sans nuire à leur croissance.

ARTICLE 53

Le fermier peut emporter les bois qui lui appartiennent, en vertu des articles compris à la sixième section.

ARTICLE 54

Il doit, s'il est prévenu avant le 1ᵉʳ août, conserver pour son successeur, qui les paie au prix fixé par expert, les trois quarts de la récolte des pommes de terre, choux, betteraves et autres racines fourragères qu'il a cultivées; s'il n'a pas été prévenu, il conserve la totalité de ces racines (ou la moitié s'il est colon partiaire), dont il dispose comme bon lui semble à sa sortie.

ARTICLE 55

A moins de stipulation contraire, les bestiaux, autres que les mâles destinés à la reproduction et les animaux d'une valeur exceptionnelle, restent sur le lieu, au compte du propriétaire ou du fermier successeur, qui rembourse au fermier sortant la totalité ou la part à laquelle celui-ci a droit, sur estimation faite au cours du moment.

La ferme doit être alors, comme auparavant, garnie de bestiaux nécessaires à son exploitation.

ARTICLE 56

Le fermier sortant doit, pendant l'année qui précède sa sortie, se comporter en tout sur le lieu comme s'il devait continuer de l'exploiter.

ARTICLE 57

Il peut être obligé des dommages-intérêts pour toute la durée de son bail et, pour neuf années au plus, s'il a joui en vertu d'un bail verbal ou d'une tacite reconduction.

Ces dommages s'appliquent aux malversations de toute nature faites par malice ou par négligence.

ARTICLE 58

La prescription lui est acquise un an après sa sortie.

(BAUX DU 23 AVRIL)

ARTICLE 59

Le fermier entrant au 23 avril a le droit de faire tous les grains du printemps, l'année de son entrée. Il est tenu de fournir et de semer dans les orges et avoines les quantités de trèfle indiquées ci-dessus à l'article 16.

Le fermier sortant doit en préparer les labours avec les harnais du lieu, moyennant le paiement par le successeur de *20 francs* par hectare.

ARTICLE 60

Si le fermier sortant prouve que, par suite d'anciens usages, il n'a pas ensemencé les grains de printemps à son entrée, son droit, lors de sa sortie, se résout en une indemnité réglée par experts lors de la montrée et payée par le propriétaire.

ARTICLE 61

Le fermier sortant doit *curer les étables* et laisser sur le lieu tous les fumiers faits depuis le 1er janvier, ceux faits auparavant ayant été mis *par lui* sur les prairies, ainsi qu'il est prescrit à la section 4e.

Le fermier entrant vient, pendant l'hiver qui précède son entrée, couper les bois taillables et serrer les feuilles et bruyères que le fermier sortant est tenu de charroyer dans les étrages pour y faire des foulages.

Il plante les choux à la Toussaint qui précède son entrée et se sert pour fumer de l'engrais du lieu ; mais il ne profite pas des anciens choux que le sortant peut faire consommer entièrement.

ARTICLE 62

Les gerbes de la dernière récolte seront charroyées par le fermier entrant.

ARTICLE 63

Le fermier sortant au 23 avril paie les deux tiers des impôts de l'année de sortie, le colon partiaire ne doit que la moitié des deux tiers.

ARTICLE 64

Le fermier entrant peut semer, à partir du 1er septembre qui précède, des coupages dans le sixième au plus des terres labourables avec les bestiaux, harnais et instruments aratoires du fermier sortant, à qui il paie une indemnité de *20 francs* par hectare, comme il est dit à l'article 46.

ARTICLE 65

Le fermier sortant ne peut, dans l'année de sa sortie, faire consommer que la quantité de foin et de paille nécessaire pour nourrir convenablement ses bestiaux ; les foins et pailles restant au moment lui sont payés à dire d'experts.

ARTICLE 66

Toutes les dispositions comprises dans les différentes sections du chapitre 1er et qui ne sont pas contraires à celles ci-dessus du présent paragraphe, s'appliquent au fermier et colon partiaire tenant du 23 avril.

CHAPITRE II

Usages particuliers applicables aux baux à prix d'argent (du 1er novembre ou du 23 avril).

ARTICLE 67

Le fermier fournit tous les bestiaux, semences et instruments aratoires nécessaires à l'exploitation.

ARTICLE 68

Le prix de ferme doit toujours être acquitté intégralement au domicile du propriétaire, au jour de l'expiration de chaque année de jouissance.

ARTICLE 69

Le fermier doit la totalité des impôts ordinaires et extraordinaires, de quelque nature qu'ils soient.

ARTICLE 70

Toutes les faisances et redevances autres que le prix de ferme, en argent, sont acquittées dans le cours de l'année pour laquelle elles sont dues et ne peuvent être reportées d'une année sur l'autre.

CHAPITRE III

Usages particuliers applicables aux baux à colonie partiaire (du 1ᵉʳ novembre ou du 23 avril).

ARTICLE 71

Le colon partiaire fournit la moitié des bestiaux et semences de toute nature et la totalité des instruments aratoires nécessaires à l'exploitation.

ARTICLE 72

Tous les fruits naturels et artificiels (les légumes de jardin nécessaires au ménage seuls exceptés), les produits de toute espèce, y compris ceux des volailles de toute nature, sont partagés par moitié entre le propriétaire et le colon.

Les abeilles appartiennent au colon seul, à moins cependant qu'elles n'aient été placées par le propriétaire et qu'elles ne soient, au terme de l'article 524 du Code civil, immeuble par destination.

Le beurre ne se partage que lorsque le lait des vaches n'est pas donné aux veaux pendant *trois mois*.

Les œufs des poules appartiennent au colon, sauf ceux nécessaires pour les couvées.

ARTICLE 73

Le propriétaire a le droit de diriger les opérations en général de la ferme à colonie partiaire et de surveiller l'exécution des travaux. Le choix des animaux à vendre ou à échanger lui appartient donc exclusivement; dans aucun cas, le colon ne peut, sans son consentement, vendre ni échanger aucun bétail.

Le colon doit également se conformer à la volonté du propriétaire : pour le choix des races, la quantité des élèves de toute nature et la castration des mâles, *ainsi que de l'âge de la saillie des génisses;*

Pour le choix des semences;

Pour la quantité et le genre des diverses cultures, et pour la forme des labours.

ARTICLE 74

Le colon exécute à ses frais et convenablement tous les travaux de culture et d'exploitation.

ARTICLE 75

Les bestiaux qui garnissent la ferme ne peuvent être employés à aucun travail étranger, sans le consentement du propriétaire.

ARTICLE 76

Le propriétaire a le choix des étalons existant dans un rayon de deux myriamètres, et il supporte la moitié des frais de saillie.

ARTICLE 77

Les veaux ne sont pas sevrés avant *trois mois,* les mâles sont castrés pendant l'allaitement, si le propriétaire ne manifeste pas de volonté contraire.

ARTICLE 78

Après le battage, les grains et graines de toute espèce sont convenablement nettoyés au tarare; les lins et chanvres broyés et teillés; les fruits à couteau cueillis à la main; les cidres faits à mesure de la maturité des fruits.

ARTICLE 79

La part du propriétaire dans tous les produits doit être transportée au domicile de ce dernier ou ailleurs, s'il l'exige, mais dans un rayon de trois myriamètres au plus.

Le transport, en cas de changement de colon, est fait par celui qui exploite et non par celui qui est sorti.

Le colon va chercher à la même distance les tonneaux destinés à recevoir les cidres du propriétaire; il les nettoie et y met les cercles dont ils ont besoin, lorsqu'il existe des jets de châtaignier et de saule à ce destinés; s'il n'y en a pas, le propriétaire fournit les cercles pour ses tonneaux.

ARTICLE 80

Le colon conduit à ses frais, aux foires et marchés désignés par le propriétaire, les bestiaux à vendre, et il remet immédiatement à celui-ci et à son domicile la moitié du produit de la vente.

Les droits de péage et d'exposition aux foires et marchés sont supportés en commun.

ARTICLE 81

Le colon paie la moitié de la contribution foncière et la totalité des autres contributions.

ARTICLE 82

Les salaires du vétérinaire, du cribleur, du taupier sont payés par moitié.

Le maréchal-taillandier et le maréchal-ferrant sont payés par le colon seul.

ARTICLE 83

Tous les amendements et engrais étrangers mis sur le lieu sont payés par moitié; ils sont voiturés par les attelages du lieu aux frais du colon partiaire, qui va les chercher aux endroits où la vente s'en fait d'ordinaire.

ARTICLE 84

Le colon peut disposer à son profit particulier d'une quantité de pommes de terre ou d'autres racines fourragères égale à celle que le propriétaire prend lui-même pour son usage particulier, et le reste est employé à la nourriture des bestiaux. Alors même que le propriétaire n'en prendrait pas, le colon peut toujours employer aux besoins de son ménage six hectolitres de toutes ces racines.

CHAPITRE IV .

Usages applicables aux terres volantes.

ARTICLE 85

Les terres appelées volantes sont celles qui n'appartiennent pas à un corps de ferme.

ARTICLE 86

Le congé doit être signifié par les parties *dix mois* avant l'expiration du bail, qui commence et finit également au 1ᵉʳ novembre ou au 23 avril.

ARTICLE 87

Le fermier les cultive comme bon lui semble, sans pouvoir cependant changer leur nature.

ARTICLE 88

Elles ne sont point sujettes aux droits de suite ou d'arrière-levée, et ces terres doivent être libres et sans ensemencé au moment de la sortie du fermier.

ARTICLE 89

Elles doivent être fumées dans la même proportion que les terres d'un corps de ferme.

ARTICLE 90

Le fermier dispose comme il l'entend des foins, pailles et produits quelconques qu'il y récolte, même dans la dernière année de la jouissance.

ARTICLE 91

Les bois et épines sont coupés aux mêmes époques que celles indiquées section 6ᵉ, chapitre 1ᵉʳ.

ARTICLE 92

Le fermier doit la réparation des haies et fossés qui accompagnent toujours la coupe du bois et, si la terre volante est de nature de pré, elle est soumise à tous les usages mentionnés à la section 4ᵉ du chapitre Iᵉʳ.

CHAPITRE V

Des bois taillis.

ARTICLE 93

Les bois taillis sont coupés, savoir :
1° Le chêne et autres bois, à neuf ans :
2° Le châtaignier, à six ans.
S'il y a mélange de ces bois, la coupe cependant s'en fait simultanément, soit à neuf, soit à six ans, suivant que l'une ou l'autre essence de ces bois domine.

ARTICLE 94

S'il y a un aménagement établi, le fermier doit le suivre sans s'en écarter.

ARTICLE 95

Si le taillis dépend d'une ferme, le fermier ne peut réclamer d'indemnité pour les bois que leur âge ne lui a pas permis de prendre.

ARTICLE 96

Il en est autrement d'un taillis loué à part ; le fermier profite des sèves en raison du temps de sa jouissance.

ARTICLE 97

Les bois existant sur les haies sont coupés comme le taillis lui-même, et les haies sont réparées en même temps.

ARTICLE 98

Les morts-bois ne doivent point être coupés avant le taillis.

Les feuilles, gazons, glands et faînes ne doivent jamais être enlevés.

ARTICLE 99

Le fermier ne peut mettre de bestiaux à paître dans les bois taillis, sans l'autorisation expresse du propriétaire.

ARTICLE 100

Il doit être conservé de l'âge de la coupe vingt-quatre baliveaux par hectare, au choix du propriétaire, lesquels doivent être convenablement espacés sur l'ensemble de la coupe. Ne font point partie de ce nombre tous les élèves complantés sur les haies, lesquels doivent être également conservés avec soin.

CHAPITRE VI

Dispositions communes aux cinq chapitres qui précèdent.

ARTICLE 101

Lorsqu'à son entrée un fermier a été privé de quelques-uns des avantages que l'usage le contraint de laisser à son successeur, il en est indemnisé à sa sortie par le propriétaire, sauf l'exception contenue à l'article 39.

ARTICLE 102

Le fermier sortant doit nourrir les bestiaux à ses frais et sans pouvoir prendre des fourrages sur la part de l'entrant, jusqu'au 23 avril ou au 2 novembre, à midi.

ARTICLE 103

Le sortant, en cas de désaccord sur l'estimation des bestiaux, en a la charge jusqu'au règlement définitif, mais la nourriture sera prise sur la ferme.

CHAPITRE VII

Du louage des domestiques de ferme.

ARTICLE 104

Le louage des domestiques commence et finit, selon les diverses localités, le 24 juin ou le 23 avril de chaque année; il finit toujours auxdites époques, quelle que soit celle où il a commencé.

ARTICLE 105

La résiliation des conventions de ce louage peut avoir lieu avant et pendant le cours de son exécution, sauf les indemnités ci-après spécifiées qui seront dues par celle des parties qui a été la cause de la résiliation.

Si la résiliation a lieu dans les trois mois qui précèdent l'entrée en service, l'indemnité de part et d'autre est du douzième au tiers des gages de toute l'année, suivant l'époque plus ou moins rapprochée de l'entrée en service.

Si elle a lieu pendant le cours du louage et du 1er mai au 1er novembre inclusivement, l'indemnité, si elle est due par le domestique, est du tiers des gages de toute l'année; si elle est due par le maître, elle est moitié moindre.

Au contraire, si la résiliation a lieu du 1er novembre au 1er mai inclusivement, le domestique ne doit qu'une indemnité égale au sixième de ses gages; et le maître une indemnité double.

Sauf, dans tous les cas, l'appréciation des motifs de résiliation ou de plus grands dommages, dont le juge de paix doit connaître.

ARTICLE 106

Les arrhes ou denier à Dieu font partie du prix du louage et entrent dans le calcul des indemnités fixées ci-dessus.

ARTICLE 107

La remise des arrhes ne dispense pas du paiement des indemnités.

ARTICLE 108

L'excuse tirée du fait que le domestique se marie ou apprend un métier n'est pas admissible.

ARTICLE 109

Si le fermier cesse d'exploiter, le domestique peut résilier le louage sans indemnité ou rester au service du nouveau fermier.

ARTICLE 110

Si ce dernier n'accepte pas ses services, le domestique peut exiger des dommages-intérêts du fermier sorti ou, s'il est mort, de ses héritiers.

ARTICLE 111

Si le successeur est héritier du fermier décédé, pendant le cours de l'année, la convention du louage n'est pas modifiée.

Fait et arrêté par la Chambre des Experts de l'arrondissement de Laval, en son Assemblée générale du 29 décembre 1900.

Pour copie conforme :

VU, LU, et APPROUVÉ :

Le Président,
H. LANDELLE

Le Secrétaire,
CAMILLE VEILLARD.

28591 — Laval, imp. Chailland, rue des Béliers, 2.